Mandana

NOURUZ

Inszenierung einer Heimat

Der iranische Singer-Songwriter Shervin Hajipour wurde zwei Tage nach der Veröffentlichung seines Protestlieds „Baraya" am 29. September 2022 festgenommen. Der Text erzählt, warum die Menschen in Iran protestieren – eine Form des gewaltlosen Widerstands. Eine Hymne, die hohe Wellen geschlagen hat und laut Wikipedia 40 Millionen mal über soziale Medien aufgerufen wurde.

Außerdem wurde „Baraye" von nicht-iranischen Künstler:innen übersetzt und weltweit aufgeführt. Bei den Grammy Awards 2023 wurde der Song mit einer eigenen Kategorie „Best Song für sozialen Wandel" ausgezeichnet. Mit nur einem Song sind viele Menschen unterschiedlicher sozialer und ethnischer Herkunft global auf die Missständen in Iran Aufmerksam geworden.

Die Iraner:innen kämpfen um ihr Recht auf selbstbestimmtes Leben ohne Saktionen und Gewalt. Für ein menschenwürdiges Miteinander. Doch die Gewaltherrschaft lässt die jungen Menschen mit ihrem Blut bezahlen. Trotz der Angst gehen die mutigen Proteste weiter. Das Regime versucht, die Menschen zu isolieren, indem es Internet abschaltet oder Telefonleitungen sperrt. Das Land ist ein großes Gefängnis mit offenen Folterkammern, in dem Menschen auf offener Straße brutal misshandelt, angeschossen und umgebracht werden.

Wir im Ausland dürfen nicht schweigen. Wir leben in einem medialen Zeitalter, in dem Vertuschung und Isolierung keine Option sind. Die Berichterstattungen der Medien in Europa über die laufenden Proteste und die aktuelle Situation in Iran hat abgenommen.

Der Ermordung von Jina Mahsa Amini am 16. September 2022 war der Beginn der jüngsten landesweiten Proteste gegen die Sittenpolizei und die Staatsmacht. Eine junge kurdische Frau, die noch nicht einmal ihren kurdischen Vornamen „Jina" führen durfte.

Iran ist ein Land mit enormen kulturellen Reichtümern nicht-islamischen Ursprungs. Die islamische Regierung versucht, alte iranische Traditionen wie etwa das Nouruz-Fest zu unterdrücken. Deswegen möchte ich über dieses wunderbare Fest erzählen.

Ich schreibe diese kleine Geschichte aus meiner Kindheit unter den Begriff „Hoffnung": Auch wenn die Rose nicht sichtbar ist, so liegt doch ihr unverkennbarer Duft in der Luft.

Die starke Solidarität verschiedener iranischer Gruppierungen in der Diaspora ist ein nie dagewesener Zusammenschluss, der nun ein konkretes Ziel verfolgt: Die Befreiung Irans. Es wäre das Ende eines fundamentalistischen und menschenverachtenden Albtraums verbunden mit der Hoffnung, dass bald ALLE Iraner:innen Nouruz gemeinsam in Freiheit feiern können.

„Nouruz Piruz!"

Heimat

um dieses Wort zu schreiben

braucht man nicht viel

Nur sechs Buchstaben,

Doch um dieses Wort zu verwirklichen

braucht es viel mehr.

Ausnahmezustand auf dem Basar, überall herrscht eine besondere Stimmung bei den Vorbereitungen für Nouruz. Überfüllte Läden und Innenstädte, es wird eingekauft, vorbereitet, geputzt und gewienert. Viele haben Urlaub, und die Familien kommen zusammen. Auch in der Küche meiner Großmutter herrscht ein buntes Treiben. Es wird gekocht, gebacken, eingelegt und frischer Teig zubereitet. Und wir Kinder spielen mittendrin. Dann eine falsche Drehung und mein Arm steht in Flammen. Ich sehe das Feuer, höre die Schreie meiner Großmutter, eine Tante, die mich packt, während andere das Feuer löschen.

Bleibende Zeichen – nach 45 Jahren noch immer sichtbar. Mein Körper als Schauplatz jener Ereignisse. Viele Male wurde ich gefragt, warum ich diese große Narbe noch am Arm trage. „Du kannst es wegoperieren." Doch für mich erzählt die Narbe eine Geschichte aus längst vergangenen Tagen.

Wir sind weg
und nicht mehr hier
doch es wächst
das geritzte Herz
Stück für Stück
in die Unendlichkeit

„Eyde-e-Nouruz" bedeutet übersetzt „das Fest des neuen Tages". Es wird am 20./21. März zur Tag-und-Nacht-Gleiche am Frühlingsanfang gefeiert. Das Fest ist astronomisch exakt festgelegt, genau dann, wenn die Sonne vom astronomischen Zeichen Fisch in Widder wechselt und den Äquinoktialpunkt erreicht.

In meiner Kindheit zog Haji Piruz, eine Art Troubadour mit Tamburin und Tröte, als Vorbote und Wegbereiter für Nouruz tanzend und singend durch die Gassen und Straßen. Er trug ein rot glänzendes Gewand, als Zeichen für den Sieg des Lichtes über Dunkelheit und Tod – und wir Kinder sangen seine Lieder voller Erwartung auf die kommenden Festtage. Manche Regierungen sehen in Nouruz ein heidnisches Fest. Stets hat das Regime versucht, dieses Fest zu verhindern oder gar in Misskredit zu bringen. Die islamischen Mullahs sind bemüht, die iranische Kultur aus dem Leben der Bevölkerung zu verbannen, um sie durch islamische Riten zu ersetzen – mit strengen Repressalien, Verhaftungen und Verboten. Doch Nouruz bleibt. Ein Fest, ein Instrument des passiven Widerstandes, eine alte Tradition, die mit großer Würde von allen Iranier:innen auf der Welt gefeiert wird.

Bereits 559 vor Christus entstanden Reliefs der Nouruz-Rituale in Persepolis, welche zoroastrischen Ursprungs sind. Zoroastrier, die von vielen falsch verstanden als Feueranbeter galten, sehen sich als Hüter der vier Elemente der Schöpfung: Wasser, Luft, Feuer und Erde. Eine der wichtigsten Gebote ihres Glaubens besteht unter anderem darin, diese Elemente von Verunreinigungen zu schützen. Diese verkörpern das holistische Weltbild, in dem die Menschen als ein Teil des gesamten Universums, als Resonanz mit der Natur gesehen werden.

Das Element Feuer symbolisiert das Licht und ist im zoroastrischen Glauben heilig. Deshalb wird noch heute das Fest „Chaharshanbeh Suri" vom reinigenden Feuer am Abend vor dem letzten Mittwoch des Jahres gefeiert. In früheren Zeiten wurde das Jahr in zwölf Monaten mit jeweils 30 Tagen aufgeteilt. Damit fehlten zum astronomischen Jahr fünf Tage. Diese nutzten die alten Iraner:innen, um das neue Jahr zu feiern. Der Legende nach standen in dieser Zeit die Tore der Welt offen. Im berühmten iranischen Epos

„Shahnameh" (Das Buch der Könige) von Ferdowsi ist die Rede von Prinz Syawash, der mit seinem schwarzen Ross „Schabrang" durch einen großen Scheiterhaufen reiten muss, um seine Unschuld zu beweisen. Er überlebte das Feuer unversehrt.

Warum aber heißt das Fest „Chaharshanbeh Suri"? Chaharshanbeh heißt übersetzt Mittwoch und Suri bedeutet das glühend rote Licht. Das Fest symbolisiert nicht nur den Sieg des Lichtes über die Dunkelheit, sondern auch den zu Ende gehenden Winter, die dunkle Jahreszeit und den Beginn des Frühlings. Symbolisch steht das Feuer auch für die zwischenmenschliche Wärme, Freundschaft, Familie, die Gemeinschaft sowie die Herzenswärme und die Gastfreundschaft, die in der iranischen Kultur tief verwurzelt sind. Gastfreundschaft erschöpft sich in Iran nicht darin, lediglich eine Tasse Kaffee oder Tee anzubieten. Vielmehr bedeutet sie für den Gastgeber, das Allerbeste für den Gast aufzufahren – wofür die Iraner:innen einen eigenen Begriff geprägt haben: Mehman Nawasi. Manche Reiseführer werben gar mit der Gastfreundlichkeit der Iraner:innen als touristische Attraktion.

Ähnlich wie Weihnachtsferien hatten wir Kinder auch Ferien zu Nouruz, die an dem großen Küchentisch meiner Großmutter in ihrem Haus in Teheran ihren

Anfang nahmen. Jedoch nicht mit Essen und Leckereien, sondern mit unendlich vielen Hausaufgaben. Es war üblich, in den Ferien täglich Hausaufgaben zu haben. Wir mussten Texte abschreiben, Aufsätze verfassen, Rechenaufgaben lösen oder täglich Zahlenreihen zur Übung aufschreiben. Hauptsache unsere Hefte waren am Ende der Ferien vollgeschrieben.

So saßen wir, eine Horde Kinder, Neffen und Nichten aus der Nachbarschaft und dem Freundeskreis, und schrieben unsere Hefte voll. Sogar die ganz Kleinen saßen mit uns an diesem Tisch und kritzelten auf irgendwelche Blätter, um uns nachzueifern. Wir halfen uns gegenseitig, um schneller fertig zu werden und mehr von den Ferien genießen zu können. Wir haben auch getrixt: Wenn jemand besonders gut in Mathematik war, durfte er die Aufgaben übernehmen, während wir anderen die Aufsätze geschrieben haben. Alles sollte vor Nouruz fertig sein. Um unseren Fleiß zu belohnen, gab es dann schließlich doch allerhand Leckereien und Tee. Im Samowar brannte unentwegt ein Feuer. Auch nachts, wenn man durch das Haus lief, loderte die blaue kleine Flamme in der Küche.

Was soll ich Dir schicken?

Den Duft meiner Küche?

Die Berührung von Großmutters Hand?

Den Klang des Vaters Lachen?

Die Geräusche vom Leben im Haus?

All das!

Schicke mir all das gepaart

      mit dem Trank des Vergessens.

In alten Legenden heißt es, dass sich zu Chaharshanbeh Suri die Tore zwischen Himmel und Erde für die Seelen der Verstorbenen öffnen, damit diese die Festivität im Kreise ihrer Familien feiern können. Manche Familien stellen Fotos von Verstorbenen auf, andere besuchen tagsüber den Friedhof. Darin steckt auch Akt der Verehrung unserer Ahnen und lieben Menschen, eine Art mentaler Verbindung, die besonders an solchen Feste aufrechterhalten werden soll. Das Gedenken an die Ahnen ist verbunden mit dem Wunsch nach Schutz und Beistand vor Angst, Traurigkeit, Ohnmacht und Schicksal. Auf öffentlichen Plätzen sowie im eigenen Hof und Garten wird ein Feuer entfacht. Als Kind war ich mit meinem Großvater auf dem Basar, um „Botteh" zu kaufen, ein besonders gut brennbarer Dornbusch. Dieser wird zu großen Kugeln zusammengerollt. Der Basar besteht aus vielen kleinen Gassen, Ständen und Läden, und diese sind dicht

nebeneinander vor den großen Lagerhäusern aufge-
reiht. Ein Wirrwarr von Geräuschen und Aromen, der
Klang der Kupfer- und Silberschmiede vermischt mit
dem Duft von Rosenblättern der Gewürzhändler. Und
obwohl ein Dornbusch aussah wie der andere,
herrschte unter der Kundschaft helle Aufregung und
jedes einzelne Astwerk wurde genau begutachtet, um
die beste Wahl treffen zu können.

Die Abenddämmerung erwarteten wir gespannt, weil
wir dann das Feuer entfachen durften. Alle Menschen
waren draußen auf den Straßen, in den Gärten oder
gar auf den Dächern mit den Vorbereitungen be-
schäftigt. Alle lachten, tanzten und sangen.

An Chaharshanbeh Suri will es der Brauch, dass jedes
Familienmitglied über ein Feuer springt und dabei
ruft: „Sorchi to az man, Zardi man az to." Wörtlich
übersetzt bedeutet diese Fürbitte: Die Röte des Feuers
sei mein, die Blässe Dein. Dies ist eine Fürbitte für Ge-
sundheit und Lebenskraft für das kommende Jahr.

Solche Abende sind von höchster Magie und verset-
zen uns außerhalb unserer Zeit. Die geistige Welt ist
nur durch einen zarter Schleier von uns getrennt, und
wenn wir uns darauf einlassen, schreitet man unbe-
schwert durch deren Pforte. Die Rituale dienen nicht
nur unserer Unterhaltung, vielmehr sind sie eine
Vorbereitung und eine Verschärfung der Sinn, für die

bessere Wahrnehmung und Loslösung aus dem Alltäglichen. Das Räuchern mit „Espand" gehört dazu: Dieses traditionelle Räucherwerk besteht aus Rautensamen und Weihrauch und soll den bösen Blick vertreiben sowie neue Energie ins Haus einladen. Altes wird vertrieben, um das Haus energetisch zu reinigen. Das Rezitieren von segnenden Versen ist fester Bestandteil dieses alten Rituals.

Der Abend gehört dem geselligen Beisammensein, bei dem es guter Brauch ist, traditionelle Speisen, Knabbereien, Kürbiskerne, Nüsse, Walnüsse, Pistazien und getrocknete Früchte zu reichen. Erzählungen und Orakelbefragungen untermalen den schönen Abend. Beispielsweise wird als Weissagung für das neue Jahr ein Krug von jedem Gast mit einem Orakelspruch und kleinen persönlichen Gegenständen befüllt. Im zweiten Durchgang wird dann ein Orakelspruch aus dem Krug gezogen und verlesen. Anschließend wird ein persönlicher Gegenstand aus dem Krug gefischt und zusammen mit dem verlesenen Orakelspruch dem ursprünglichen Besitzer oder der ursprünglichen Besitzerin übergeben.

An solchen Abenden tragen Familienälteste im Kerzenschein Geschichten und Legenden vor. So erzählte mir mein Vater seine Version der Legende von Amu Nouruz und Nane Sarma:

Über die Felder und Wiesen flimmern wehend die noch bräunlichen Gänseblumen. Nur hier und da wächst ein kleines Büschel bleichen Grases. Noch weht ein leiser Strom von kalter Luft. Und langsam breitet sich die Sehnsucht aus nach Himmelblau und Blumenduft. In einem Ort zwischen Orient und Okzident, fernab unserer Welt, liegt versteckt zwischen Hügeln und Steppen ein winzig kleines Haus. Dort ist es gut bei Wärme und Behaglichkeit. Hier lebt in ungestörter Einsamkeit Nane Sarma, das kalte Mütterchen, die tagein, tagaus den ganzen Winter, Schnee und Kälte durch die Welt zaubert, doch allmählich kommt die Sehnsucht nach dem ersten Blumenduft. Die nachmittägliche Wintersonne scheint durch das Fenster auf den farbenfrohen Teppich in der Stube. Bunte Woll- und Seidenkissen schmücken das Sofa und laden zur Behaglichkeit ein. Der Garten mit den kleinen Blumen wirkt still und kahl. Kein einziges Blatt schmückt den Apfelbaum, und trotzdem steht er dort in der Erwartung des Frühlings. Noch drei Wochen bis zum Frühlingsfest. Nun wird es Zeit, die Kälte und den Nebel des Winters zu vertreiben und das Haus für den Frühling vorzubereiten.

In einer Tonschale sät Nane Sarma ein paar Weizensamen. Hier und da werden ein paar Hyazinthen-Zwiebeln ins Beet gesetzt. Die Stube wird gefegt und

Holzdielen gewienert. Die Teppiche werden ausgeklopft und der Hof gefegt. So vergehen Tage und Wochen, nach und nach beginnt alles zu glänzen und ein Hauch von Erwartung macht sich bereit. Langsam wird es Zeit, mit den Vorbereitungen für die Haft-Sin-Tafel, den Gabentisch für das Frühlingsfest zu beginnen. Aus der mit Edelsteinen besetzten Truhe holt Nane Sarma ein weißes Tischtuch aus Damast hervor, das sie auf einem Tischlein ausbreitet.

„Haft" bedeutet auf Farsi sieben. „Sin" sind die sieben Gaben, die in der persischen Sprache mit dem Buchstaben „S" beginnen. Nane Sarma platziert ihre Tonschale mit den Weizenkeimlingen als Zeichen der Wiedergeburt auf dem Gabentisch. Als Symbol für Schönheit und Vollkommenheit legt sie einen roten Apfel („Sib") dazu. Aus der Küche bringt Nane Sarma eine Prise „Sumach", ein dunkelrotes Gewürz, das die immer wieder aufgehende Sonne verkörpert. Dazu ein Stück Knoblauch („Sir"), der für Gesundheit und Vitalität steht. All diese Gaben richtet Nane Sarma auf der Haft-Sin-Tafel an. Auch eine Schale „Samanu", ein Weizenpudding, den Nane Sarma selbst zubereitet hat, schmückt den Tisch. Weitere Symbole sind die getrocknete Mehlbeere („Senjed") für die Liebe, sowie ein Tässchen Essig („Serke") für Vergänglichkeit und Alter.

Aus der Truhe holt Nane Sarma noch ein paar Goldmünzen („Sekeh") als Zeichen des Wohlstandes heraus. Ihren blank polierten Silberspiegel als Metapher für Reinheit stellt sie mitten auf den Tisch. Er ist umgeben von zwei Kerzen, die das Feuer des Lebens symbolisieren. Einige bunt verzierte Eier schmücken den Gabentisch als Zeichen der Fruchtbarkeit. Dann geht Nane Sarma hinaus auf den Hof zum kleinen Fischteich, füllt eine Glaskugel mit Wasser und setzt einen Goldfisch als Symbol für das Leben hinein. Auch er kommt auf den Gabentisch. Von ihrem Büchersims nimmt sie anschließend ihr heiliges Buch und stellt auch dies auf den Haft-Sin zwischen den zwei weißen Kerzen, die bald leuchten werden, um das kommende Jahr mit Licht und Helligkeit zu begrüßen.

Nachdem die Arbeit vollbracht ist, begibt sich Nane Sarma ins Hamam, wäscht Ihr langes silbernes Haar und ölt ihre weiße runzelige Haut mit duftendem Rosenöl ein. Anschließend kleidet sie sich in ein leuchtend blaues Leinengewand. Sie schmückt ihr Haar mit einem silbernen Kamm und legt ihre Kette aus glänzenden Perlen um ihren Hals. An den Füßen trägt sie Stoffschuhe aus Samt. Nane Sarma wirft mit ihren hellbraunen Augen einen Blick in ihren silbernen Spiegel und ist zufrieden mit dem, was sie sieht. Nur noch ein paar Stunden des Wartens. Voller Vorfreude und mit klopfendem Herzen betrachtet Nane Sarma ihren gedeckten Haft-Sin. Mit einer Tasse frisch aufgegossenem Tee aus ihrem Samowar und einem Stück Kandis nimmt Nane Sarma an ihrem schön gedeckten Gabentisch Platz. Sie ist erschöpft vom langen Winter und der vielen Arbeit. Langsam steigt die Müdigkeit in ihren alten Glieder empor. Sie träumt und fühlt den Frühling und die Wiesen voller Blüten mit summenden Bienen. Als dann betritt der Frühlingsfürst Amu Nouruz mit seinem grünen Gewand den Raum und bewundert den wunderschönen mit Sorgfalt gedeckten Gabentisch und erblickt die schlafende Nane Sarma auf ihren Kissen. Lächelnd setzt er sich zu ihr und holt aus seinem Leinensack ein kleines Geschenk für Sie hervor. Er stellt dieses neben die Kerzen auf den Gabentisch. Er beugt sich behutsam vor ihr Gesicht und küsst sie liebevoll auf die Stirn. Anschließend verabschiedet er sich und geht seines Wegen wie ein Sonnenstrahl.

Stunden später erwacht Nane Sarma wohlig ausgeruht mit einem Lächeln auf den Lippen aus ihrem schönen Traum. Doch plötzlich gefrieren ihre Züge und es zieht sich ein Schmerz durch all ihre Glieder. Sie greift sich um den Hals und zerreißt mit einem Schrei der Verzweiflung ihre Perlenkette. Nane Sarma hat verschlafen, wieder einmal kam Amu Nouruz, ohne dass sie ihm begegnet ist. Die glitzernd weißen Perlen der Kette wirbeln und kullern durch die Stube, begleitet von den Tränen von Nane Sarma. Amu Nouruz ist längst mit Hagel und Frühlingsregen weitergezogen, gespeist von Nane Sarmas Perlen und Tränen voller Sehnsucht. Seine Reise führte ihn durch alle Länder des ehemaligen Persischen Weltreiches wie Tadschikistan, Armenien, Afghanistan, Azarbaidschan, Turkmenistan, Usbekistan, Georgien, Kaschmir, Kirgisistan, Pakistan, Syrien, die östliche Türkei, Nordirak, Indien, Nordwest-Chinas, Albanien, Kosovo, Bosnien, Mazedonien, Serbien, die Krim, Sansibar, Sambia, Simbabwe und Madagaskar. Nouruz wird sogar bei den iranischen Juden in Israel gefeiert. Überall warten Menschen am Gabentisch auf Nouruz. Als Kind stand ich oft am Fenster, um den Frühlingshagel zu beobachten. Dabei stellte ich mir die wütende und enttäuschte Nane Sarma vor.

Die traurigste Melodie der Zeit
langsam und bedacht
zur Hälfte gespielt
zu Ende gespürt
eine Träne.

Mittlerweile lebt mein Vater nicht mehr, doch der Klang seiner Stimme und seine Geschichten und Erzählungen sind besonders an Nouruz für mich allgegenwärtig.

Mit ihm verlor ich auch mein Zuhause, meine Heimat. In unserem Exil war er mein lebendiges Tagebuch, mein Geschichtenerzähler von Zuhause, von den üppigen Gärten in Schiras, von Onkeln und Großtanten, von vertrauten Traditionen – all das, was ich nicht mehr miterleben durfte. Am Anfang haben wir alles so unglaublich sehr vermisst, doch es war ja nur vorübergehend, nur für ein paar Monate, bis sich die Lage wieder stabilisierte, er wollte nicht in der Fremde sterben. Regelmäßig kauften wir am Hauptbahnhof, die damals im Ausland erscheinende iranische Zeitung, aus der ich ihm vorlas, zur Übung, denn irgendwann sollte ich ja wieder zurück in die Schule, nach Hause.

Über-leben
Leben-über
Über-stehen
Über allem stehen
Stehenlassen
lassen stehen
gehen
einfach gehen lassen

Obwohl meine Schilderungen der Wirklichkeit entsprechen, zweifle ich an manchen Tagen selbst an meinen Erinnerungen. Das Leben war so viel anders, sodass ich mir zeitweise vorkomme wie eine Zeitreisende, die bereits Jahrhunderte hinter sich gelassen hat. Meine Erzählungen enthalten keine historischen Fakten, dafür sind die Lücken zu groß. Es sind Splitter aus der Vergangenheit, die hier und da ein ganzes Bild ergeben. Ein Versuch, ein Festhalten wollen von zahlreichen Fragmenten, ein Abglanz der Vergangenheit.

In der Straße meiner Geschichten
fand ich ein Herz voller Gefühle
ich pflückte einen Ast
vom Baum der Gespräche
ein Vogel mit gläsernden Flügeln
flog durch ein Moor voller Asche
Schon ein Stück Wahrheit liegt darin.

So sitze ich nun – selbst erwachsen – an einem Wochentag fernab meiner Heimat, bemüht um einen Hauch von Nouruz.

Die Wohnung ist voller Geräusche, jedoch keine Stimmen, keine Antworten oder gar Gespräche – monotones Summen und Piepen irgendwelcher Geräte erfüllen den Raum.

Meine Haft-Sin ist bereits gedeckt, die Vorbereitungen liefen eher minimalistisch, denn fernab von Zuhause spielt sich Vieles in einer nostalgischen Erinnerung ab.

Der Duft der Hyazinthe katapultiert mich schlagartig zurück auf einen bunten, überfüllten Basar. Wenn ein ganzes Land ein Fest zelebriert, ist dies ein anderes Gefühl, als alleine zu sein in den eigenen vier Wänden. Das Herzstück von Nouruz ist die Gemeinschaft, die hier im Alltag fehlt. Damals hatten wir in den dreizehn Tagen gefühlt hunderte von Gästen, ein großes Kommen und Gehen.

Auf meinem Haft-Sin steht nicht der Goldfisch im Glas, mein Fisch ist geschnitzt aus einem Stück Holz. Über den Fisch herrschen unterschiedliche Geschichten und Legenden. Manche sagen, der Fisch sei ein Relikt der Seidenstraße, andere belegen über historische Funde, dass der Fisch das lebenspendende Wasser repräsentiert.

Meine Kinder sind in der Schule. Keine Großfamilie, die sich vor dem Jahreswechsel um den Gabentisch versammelt, um im Radio oder Fernsehen den Countdown zum Jahreswechsel zu verfolgen. Ich bin auf meinem Mobiltelefon dabei: 3, 2, 1 – das neue Jahr beginnt. Ich zünde die Kerzen an, laufe durch die Wohnung und schalte aller Zimmerlampen ein, öffne die Eingangstür, lasse das neue Jahr symbolisch eintreten und hoffe, dass mich keiner der Nachbarn sieht, wie ich vor der Tür einen imaginären Gast begrüße!

Zurück am Haft-Sin betrachte ich schweren Herzens all die Fotos meiner lieben Verstorbenen und Zurückgelassenen. Verfalle für einige Augenblicke in Nostalgie. Ich bin die Bewahrerin von Geschichten. Durch die Güte und Liebe der Verstorbenen bleiben sie immer für mich gegenwärtig und helfen mir täglich, wo ich selbst irre und meine Kräfte mich zu verlassen drohen. Denn schöne Erinnerungen nähren unsere Seele, lassen uns Glück erfahren und unter dem Schnee auch die Rose vermuten.

Dann beginne ich mit den elektronischen Glückwünschen an Verwandte und Freunde, die über den Globus verstreut sind. Keine Familienbesuche und gegenseitige Aufwartungen. Die totale Isolation als Exilant gibt es Dank des Internets nicht mehr. Wir halten uns wie Ertrinkende an einem Treibholz fest, erhalten durch Inszenierung unsere Tradition in der Diaspora am Leben. Was konnten wir schon mitnehmen? Einen Koffer voller konservierter Erinnerungen. Mit aller Kraft halten wir an der Vergangenheit fest und hoffen auf eine Rückkehr in eine Welt, die nicht mehr existiert. Manche haben versucht neue Wurzeln zu schlagen, andere wählten die Existenz in einer Warteschleife. Jetzt richten sich die hoffnungsvollen Blicke nach Iran, auf die Revolution der mutigen jungen Menschen, die täglich ihr Leben riskieren für ein Stück Freiheit.

Eines Tages wird hier ein Garten sein

ein Garten für die Kindeskinder

ein Versprechen, während des Spiels

zwischen den Trümmern

Eines Tages wirst du dein Haupt erheben,

um den Gipfel der glänzenden Gletscher zu sehen

dort wo jetzt der Kupferhagel regnet,

ein Versuch

ein Versprechen

eines Tages soll hier ein Garten sein.

„Frauen, Leben, Freiheit"

„Zan, Zendegi, Azadi"

„Jin, Jiyan, Azadi"

Herstellung und Verlag: BoD – Books on Demand, Norderstedt
ISBN: 9783744898454